SERMON

PRONONCE'

DANS L'EGLISE

DE

N. D. DES TABLES

DE LA VILLE DE MONTPELIER

à l'ouverture des Eſtats generaux, de la Province de Languedoc, le ſeptiéme Decembre, ſecond Dimanche de l'Advent, de l'année 1670.

Par Monſeigneur HYACINTHE SERRONI, Eveſque de Mende.

A MONTPELIER,

Par DANIEL PECH Aſſocié de IEAN BOVDE Imprimeur des Eſtats generaux de la Province de Languedoc.

M. D. C. LXX.

ET REQVIESCET SVPER EVM
Spiritus Domini. Iſaïæ XI.

ET L'ESPRIT DV SEIGNEVR
repoſera ſur luy. Dans Iſaïe Chap. XI.

VN corps auſſi noble, que celuy de nos Eſtats, ne doit eſtre animé, que d'un eſprit divin, & tant d'Illuſtres Deputez qui le compoſent, meritent d'avoir parmy eux un envoyé, qui ſoit un Dieu; Vn Dieu qui eſtant Preſidant nay des Aſſemblées qui ſe font à ſon nom, Nous inſpire de l'invoquer ſoûs celuy du Saint Eſprit. Il deſcendra ſans doûte ſur vous, mes Auditeurs, ſi vos Prieres montent juſques à ſon Trône, & je croyrois même qu'il viendroit, comme aux premiers Eſtats de la Province Chrêtienne, en forme de langues, ſi vous aviez plus de beſoin des paroles que d'éfet, ſi l'on vouloit ſe contenter de vôtre eloquence, ſans demander vos ſecours; ſi vôtre fonction eſtoit de prêcher, ou de diſputer plûtôt, que de conſentir, ou comme vous dités, diſſentir. Il ſuffit qu'un indigne Succeſſeur des Apôtres, tel que je ſuis, le reçoive de la ſorte: Et qu'ayant une langue differente de la vôtre, vous connoiſſiez en m'entendant parler que c'eſt le Saint Eſprit, qui fait paroître en moy une langue mipartie, *Diſpertitæ linguæ*, pour vous declarer entierement ſes volontez. Vous le recevrez neanmoins en ſa ſubſtance; puis que vous le recevrez comme un don, qui eſt le Caractere du Saint Eſprit: & ne vous devant coûter autre choſe que de le demander, vous le pourrez appeller, & avec grande raiſon, un don gratuit. Il eſt juſte qu'eſtans ſollicitez tous les ars, pour en faire un au Roy de la terre, le Roy du Ciel vous previene avec un autre qui repare à l'avance les pertes que vous pourriez faire, vous donnant un trefor inépuifable, pour des richeffes paffageres, un eftre incréé pour des biens creés, fon Efprit eternel, pour des matieres fragiles & periffables. Ie fuis feulement en peine de choifir dans la diverfité des dons, foûs lefquels le Saint Efprit fe communique, & ie vous avoüe, que les trouvant tous admirables ; je ne fçaurois me determiner pour aucun. Cette incomparable perfonne qui reçeut pour fon doüaire tous ces dons ; lors que le Saint Efprit la rendit feconde d'un Dieu, nous infpirera un bon choix, fi nous fuivons l'Ambaffadeur, qui fut chargé de ce rare préfent, en difant avec luy. *Ave Maria.*

NOVS adorons le Saint Efprit, comme la troifiéme perfonne de l'incomprehenfible Trinité : mais quoy que dans cet inefable Miftere, il foit reconnu comme un don, il ne donne pourtant rien & il reçoit tout ; il reçoit la toute puiffance du Pere & du Fils, & il ne peut rien donner de ce que le Pere & le Fils luy donnent. Il a le méme entendement & la méme volonté, que les deux autres divines Perfonnes ; & il eft neanmoins, pour ainfi dire, infecond à l'égard de l'une & de l'autre, quoy que toutes deux foint fecondes pour luy. Il eft produit & il ne produit pas, l'Effence luy eft communiquée, & il ne la communique point, il eft orné de tous les attributs, fans qu'il donne cet ornement à perfonne : C'eft enfin un don qui n'en peut faire aucun dans les productions eternelles, que les Theologiens appellent *ad intra* : mais pour les productions temporelles & *ad extra* ; il paroît fi fecond, que comme s'il avoit tout refervé pour les creatures, non feulement il fe donne en fa perfonne ; mais il fe donne en plufieurs autres manieres, pour multiplier fes dons ; & voulant par la diverfité rendre fes dons plus agreables, il prend en fe donnant tant d'apparences, que quoy qu'il foit immuable, il change à tout moment. Qu'il foit Amant ou qu'il foit Amour, il fe transforme en tant de formes pour plaire aux hommes, & pour gagner leur amitié, que l'Eglife l'appelle l'Efprit Septiforme : & fans aucune primeur ny delicateffe, il previent & il prie pour eftre aymé, & pour fe laiffer aymer. Il eft prefque impoffible de s'imaginer aucune fonction dans l'ame, à laquelle il ne veuille eftre affocié: & fans rien ufurper fur le Verbe divin qui joignit à fa fubfiftance une feule humanité, il fe joint tous les iours & à tout moment à toutes nos actions. Si l'on veut s'élever à la connoiffance des Mifteres par des caufes fuperieures & tres-hautes, il fe prefente comme don de Sageffe; Si l'on travaille à chaffer l'ignorance, & fe délivrer de l'erreur, il vient comme don d'intelligence; Si l'on doit choifir dans la multiplicité des objects, il affifte comme don de Confeil; Si l'on a befoin de fe defendre, il ayde comme don de force; Si l'on defire d'apprendre, il éclaire comme don de Science; Si l'on s'humilie pour adorer, il accompagne comme don de pieté; Si l'on eft obligé de craindre, il defcend comme don de crainte. Y a t il rien de fi exacte? Y a t'il rien de fi tendre? Il fe donne à tous, & il ne contraint perfonne; il vient au fecours, & il nous permet d'agir; il manifefte fes dons, & il nous en laiffe le partage. Ie m'en vay donc le faire, pour vous Meffieurs les Deputez, puis que ce divin Efprit m'en donne la liberté, & ayant en veuë tous ces dons: je juge que vous n'avez pas à faire de cet Efprit de Sageffe, qui fait raifonner des plus hauts points de nôtre Religion, par des caufes les plus hautes, & les plus fublimes, puis que vous eftes dans une Affemblée, où les faits de Religion ne fe preuvent pas, mais fe fuppofent. L'Efprit d'intelligence, qui éclaire l'entendement dans la connoiffance des premiers Principes de la Foy, ne vous eft pas neceffaire parmy des perfonnes qui fe foûmettent aveuglement à tout ce que l'Eglife nous en dit. Vous n'employerez pas dans la difcuffion des affaires, qui vont à la pratique & à l'exterieur, l'Efprit de Science qui produit des fpeculations, & des actions immanentes & interieures. Et refervant l'Efprit de pieté, pour les œuvres de devotion, que vous exercerez dans les Eglifes: je demande à Dieu pour cette Affemblée l'Efprit de Confeil, l'Efprit de force, l'Efprit de crainte. L'Efprit de confeil pour bien choifir, l'Efprit de force pour bien executer, l'Efprit de la crainte du Seigneur pour ne rien entreprendre contre fon fervice. L'Efprit de confeil pour Meffieurs les Confuls, l'Efprit de force pour Meffieurs les Barons, l'Efprit de la crainte de Dieu pour Meffeigneurs les Prelats. Et ce font les trois points de mon difcours.

L'Efprit de confeil eft la veritable forme du Confulat, & l'on ne fçauroit porter dignement le nom de Conful, fi l'Efprit de confeil ne defcend fur celuy qui en a la charge. Nom & charge fi auguftes & fi relevez, que le Fils de Dieu venant au monde les voulut avoir, & fe faifant appeller du nom de Conful; il en exerça prefque toutes les fonctions. Parlez Ifaïe, vous qui eftes la bouche & l'organe de Dieu. N'eft il pas vray que parmy les titres d'honneur, que ce Dieu humanifé s'attribue, celuy de Conful eft le fecond en rang, fuivant immediatement apres celuy d'admirable ? *& Vocabitur admirabilis, Confiliarius* le preferant même à celuy de Dieu ? *Confiliarius, Deus, fortis, Pater futuri fæculi, Princeps pacis.* Les Septante voulant comprendre ces fix titres foûs un feul, n'appellerent pas ce divin Redempteur du nom de Dieu ny d'admirable, ny de Pere du fiecle, ny de Prince de la paix; mais ils l'appellerent tout court le grand Conful, & le grand Conful envoyé *Magni Confilij Angelus. Angelus*, qui fignifie Envoyé : *Magni. Confilij* un Ange propre à donner des grands confeils; & en des termes plus clairs, un grand Conful envoyé. En effet le genre humain s'eftant perdu par un mauvais confeil, foit du demon, foit de la femme, il ne pouvoit eftre reparé que par un bon & grand confeil : & le Fils de Dieu qui le devoit donner, ne pouvoit pas mieux paroître dans les Eftats de ce monde, que comme un grand Conful envoyé *Magni Confilij Angelus.* C'eft auffi foûs cet illuftre nom de Conful qu'on l'adoroit à Rome dans le Capitole, lors que la Religion Catholique y jetta fes premiers fondemens, & que le Temple de Iupiter Capitolin, où les Confuls facrifioient, ayant efté renverfé, on dreffa à fa place ce grand Autel ou Chapelle qu'on appelle encore aujourd'huy *Ara Cœli*, & où l'on a mis de nôtre temps cette infcription. : *Æterno generis humani Confuli chrifto Iefu, quem in dubiis adire, in arduis Confulere, in omnibus invocare Populi Romani Religio, iurat, iubet, iudicat.* A Iefus-Chrift, Conful perpetuel du genre humain; à qui le Peuple Romain jure de fe prefenter dans fes doûtes, qu'il ordonne de confulter dans les affaires épineufes, qu'il juge devoir eftre invoqué en toutes chofes. *Quem in dubiis adire*, pour infpirer au Peuple un bon confeil, pour le refoudre à faire un bon choix, pour determiner les indifferens, pour affermir les chancelans, pour perſuader les doûteux, pour rejetter l'injuſtice, pour embraſſer la verité. *In arduis Conſulere*, pour applanir les difficultez qui ſe rencontrent, pour encourager ceux à qui les ombres font peur, pour plier ceux que l'opiniâtreté fait roidir, pour ramener ceux que la colere fait emporter, pour adoucir les eſprits les plus aigres, pour ſuivre les expediants les plus doux. *In omnibus invocare,* pour eſtre éclairez par les lumieres en toutes choſes, pour avoir un Conducteur, qui empêche de broncher, pour eſtre regis par une regle infaillible, pour s'appuyer ſur une Colomne inébranlable, pour bâtir ſur un fondement aſſeuré, pour avoir Dieu pour principe, & pour fin de toutes les actions de la vie : C'eſt le ferment, c'eſt l'ordre, c'eſt le ſentiment que le peuple doit faire, doit donner, doit publier. *Iurat, jubet, judicat.* Voylà le Prototipe d'un vray Conſul, voyla l'idée d'un envoyé des Eſtats.

Ah! que Meſſieurs les Conſuls feront heureux, s'ils tachent de l'imiter, s'ils ſe couvrent de la robe Conſulaire de Ieſus-Chriſt *induimini Dominum Ieſum Chriſtum.* S'ils ſe mettent en eſtat, que tout le monde les puiſſe *in dubiis adire, in arduis Conſulere, in omnibus invocare.* Quel bon-heur s'ils reſolvent les difficultez ſans les faire naître, s'ils dévelopent les doûtes ſans les multiplier, s'ils coupent court à l'intrigue, ſans qu'elle revienne. Ah! que leur nom ſera en benediction, ſi dans les affaires épineuſes ils ne s'écartent pas, pour éviter la picqure de ceux qui les propoſent, s'ils ſe donnent de garde qu'elles ne déchirent leur reputation, qu'elles ne les arreſtent en chemin, qu'elles ne s'en prennent au ſang des Peuples, qu'ils n'en ſoient enſanglantez eux même. Ah! que leur conduite ſera noble, exemplaire & vertueuſe, ſi dans le recours qu'on aura à leurs conſeils, ſi dans la recherche qu'on faira de leurs ſuffrages, ils ſe rendent faciles à tout ce qui eſt juſte, difficiles & inébranlables à tout ce qui reſſent l'injuſtice, ſoûmis à ceux qui avancent le bien public, fiers contre ceux qui ſuivent leurs intereſts, s'ils ſont en toutes choſes les conſolateurs des affligez, les Peres des Orphelins, les Protecteurs des pauvres, le refuge de tout le monde.

Mais pourquoy vous entretenir des idées, que la devotion a for-

mées , puis que les faits authentiques de nôtre divin Conful nous
peuvent fervir d'enfeignement. Suivons le à l'entrée des Eftats des
Iuifs ; c'eft à dire de leur Sinagogue , qui fe tenoit dans la Ville
de Nazaret où il fut prié d'entrer, de monftrer fa Procuration ,
d'opiner à fon tour. Regardez affis parmy la foule du Peuple , cé-
luy qui fe glorifiant d'eftre feul, *ego folus*, fait de tout l'Vnivers
un efcabeau de fes pieds, foûmis à rendre compte de fa miffion ,
celuy qui n'en doit rendre à perfonne. Attention Meffieurs , c'eft
l'envoyé du Ciel qui fe préfente , c'eft un Dieu qui opine. Mon
commettant , dit il , c'eft le Saint Efprit, il m'envoye dans cette
Affemblée, avec une Procuration écrite & contrefignée, par le
grand Secretaire de la Redemption des hommes Ifaïe, la fonction que ie dois faire & l'avis que ie porte , c'eft de foulager les
pauvres , de relever les oppreffez , de faire efperer une année
agreable , de promettre un jour de recompenfe. *Spiritus Domini fuper me , Evangelizare pauperibus mifit me , fanare contritos corde , prædica-
re annum Domini, acceptum , diem retributionis.* Digne & admirable
Conful, que vos confeils font falutaires ! Que vous avez bien par-
lé parole eternelle & infallible ! Mettez les mêmes paroles dans
la bouche de nos Confuls, faites que le Saint Efprit les rempliffe
du même confeil , qu'ils difent fans hefiter dans nôtre Affemblée ,
que leur fonction eft de donner quelque foulagement au pauvre
peuple , de chercher les moyens pour trouver tant foit pû de relache , de rencontrer une année , dans laquelle on foulage nos
Compatriotes *Annum acceptum* , une année d'œconomie, une année de profit, fans dépence , fans fuperfluitez , fans profufion. *Diem
retributionis*, un jour lumineux à ceux qui font prevenus des tene-
bres de la pauvreté , un jour fombre à ceux qui font pouffez par des
vaines pretentions : un jour aymable à des yeux purs par leur
conduite par leur integrité, un jour pefant à des yeux chaffieux
par leur envie par leur avarice : un jour bien long à nos applica-
tions , un jour bien court à toutes nos largeffes : un jour de repos
& de recompenfe aux bons , un jour de peine & d'ennuy aux mé-
chants. C'eft le confeil que vos commetans fouhaitent que vous
donniez dans l'Affemblée, c'eft ce que ce peuple qui m'écoute, &
qui eft icy pour vous voir, vous demande à mains jointes. Ah! Peres
des

des Peuples ; Ah ! Protecteurs des Orphelins, ah ! refuge des op-
preſſez , écoutez leurs plaintes , enterinez leurs requeſtes , exau-
cez leus prieres , moyenés leur par vos épargnes une année de repos, un jour de relache , quelque peu de temps pour reſpirer ; leur
ſort ſe trouve entre vos mains , leur ſoulagement depend de vos
paroles , leur fortune eſt attachée à vos conſeils.

Que ſeroit-ce , ſi cette multitude eſtant ſortie aujourd'huy
pour vous voir travailler à leur ſoulagement , Ieſus-Chriſt nôtre
premier Conſul leur faiſoit le reproche qu'il fait dans l'Evangile
de ce Dimanche aux Peuples , qui s'eſtoient aſſemblez , pour voir
ce celebre envoyé ſaint Iean Baptiſte ? *Quid exiſtis in deſertum videre arundinem vento agitatam ?* Ah pauvres gens ! que venez vous
voir ? des roſeaux agittez par le vent ? Le roſeau eſt une plante
que la terre produit ; je diray mieux un excrement que la terre
rejette. Entre la ſtabilité de la terre , & la legereté du roſeau, il
y a ſi peu de proportion , que bien loin d'y trouver la proximité
de Mere & de Fille , les qualitez d'ennemie & de contraire s'y
rencontrent. Il eſt vuide d'humeur & de ſubſtance , & voulant
avoir quelque choſe qui l'anime , il ſe remplit de vent , & ſe ſoû-
mettant à cet air inconſtant & impetueux , il ſe laiſſe aller , la où
il le pouſſe , panchant tantôt d'un côté, tantôt d'un autre ; le vent
favorable le plie , le vent contraire le renverſe , un zephir l'éleve,
un aquilon l'abbat , toûjours remuant , toûjours changeant : Il
ſemble qu'il agrée tous les partis qu'on luy propoſe , hors celuy de
ſe tenir en repos , & qu'il reçoit tous les conſeils qu'on luy donne , ſe tournant à tout vent ſans en retenir aucun bon, pour ſe main-
tenir dans ſa droiture : en ſorte qu'on a dit de luy *arundo Conſilio-
rum vana ſuſceptrix nullo retento.* Mal-heur inconcevable , ſi les Conſuls de cette illuſtre Compagnie , venoient à reſſembler à une
plante ſi legere ? Et ſi ſe laiſſans remplir d'un vent de vanité, de
pretention & d'ambition , ils obligeoient le Redempteur à s'é-
crier , *quid exiſtis in deſertum videre arundinem vento agitatam ?* Ce ſont
des roſeaux que le vent de la faveur fait plier à tout moment,
qu'un ſouffle d'indignation eſt capable de changer, qu'un zephir
de quelque eſperance peût enlever, qu'un orage de menaſſe peût
abatre ; ce ſont des roſeaux à qui tous les partis paroiſſent

également juftes, à qui tous les expediants font agreables, qui font fufceptibles de tous les confeils, hors de celuy que le Saint Efprit doit produire, *Confiliorum vana fufceptrix nullo retento.* Non, non, Dieu le dira bien aujourd'huy, mais il le dira dans le même fens qu'il l'a dit de Saint Iean Baptifte, *quid exiftis in defertum videre.* Que croyez-vous, peuple Chrêtien de trouver parmy nos Con-fuls, des rofeaux, que le vent agite & pouffe de tout côté? Des rofeaux qui fe tournent à tout vent? Flatant tantôt les uns, ga-gnant tantôt les autres? Qui fe mettent en eftat de plaire à tout le monde? Vous vous trompez, ce ne font pas des plantes, mais des grands arbres, ce ne font pas des rofeaux, mais des colomnes, plus que des colomnes, plus que des arbres, *plufquam Prophetam.* Ce font des vrais Confuls, copiez, moulés, formés, fur Iefus-Chrift, qui eft la fermeté même, la vigueur & la force. Mais cette qua-lité appartient à Meffieurs les Barons, alons au fecond point.

Lors que l'illuftre Affemblée de nos Eftats fe prefente à mes yeux, je ne fçay, mes Auditeurs, fi je la dois appeller une armée bien rangée, dont l'Eglife fait l'aile droite, la Nobleffe la gau-che, le peuple le corps de bataille, Ou bien une Ville, dont la majefté refide dans le Clergé, la force dans la Nobleffe, l'orne-ment dans le Peuple. Ou bien un Senat où les canons font prefen-tez par les Prelats, les armes font portées par les Barons, les de-cifions font publiées par les Confuls. Ou bien une Republique, où l'Eglife prononce les Oracles, où la Nobleffe les protege par fes ordres, où le Peuple les maintient par fon exemple. Où finale-ment un Theatre où la crainte envers Dieu eft reprefentée par les Prelats, la vigueur par la Nobleffe, le confeil par le Peuple. Mais je vous avoüe, que lors que je me fouviens, que les dons du Saint Efprit defcendirent fur une fleur *& flos de radice ejus afcendet, & re-quiefcet fuper eum Spiritus Domini.* Ie fuis conftraint de laiffer toutes ces reffemblances & toutes ces comparaifons, & de vous en pro-pofer un autre, pour faire le parallele de nos Eftats, avec un beau Iardin, où le Peuple fait le Parterre, l'Eglife & la Nobleffe font les deux Allées, ou les deux Terraffes. Parterre admirable dans les compartimens des beaux difcours; abondant & delicieux, dans les eaux d'une pure eloquence; majeftueux, dans les Fleurs

Imperiales d'une noble extraction. Parterre où la blancheur des
Lys est remarquée dans la candeur des mœurs ; où la pourpre des
Roses éclate dans l'ardeur du service ; où la fidelité des Eliotropes
paroît dans l'atachement pour nôtre Roy. Parterre, où des plus
jeûnes Predicateurs que moy, vous fairoient trouver des Iasmins,
dans la suavité de l'entretien, des Tulipes dans la diverfité des
fciences, des Anemônes dans la multiplicité des vertus. Parterre
enfin où rien ne manque, où tout abonde, où toutes les delices de
l'efprit fe r'affemblent, où tous les fouhaits font accomplis. Mais fi
ce Parterre fait monter dans l'Allée des Prelats, la bonne odeur
de fes fleurs *chrifti bonus odor fumus.* Ne trouvera t'il pas dans l'autre des perfonnes qui le gardent, & qui fongent à fa confervation,
afin qu'ō ne touche pas à fes Fleurs, qu'on ne les fletriffe par aucune
approche intereffée, qu'on ne les agite d'aucun vent des promeffes,
qu'on ne les brûle d'un Soleil d'ambition ; qu'on ne les arrache de
leur bon propos ? Il y aura fans doûte des perfonnes pour en avoir
le foin. C'eft à Meffieurs les Barons de le garder, de le garentir.
Ce font eux qui remplis d'un efprit de force & de vigueur, doivent garder ce Parterre *fortis armatus cuftodit artium fuum*, dit le S.
Efprit, & felon une autre verfion *cuftodit hortum fuum*. Ce font ces
forts armez, à qui le Saint Efprit recommande le Iardin de cette
Province fon Efpoufe, ce font les Gardiens, que le Saint Efprit a
choifi, pour avoir foin de ce precieux Parterre, c'eft à leur force
qu'il le recommande, c'eft à leur fermeté qu'il a donné en garde
fes belles Fleurs, c'eft la charge, la fonction, & le devoir de la
Nobleffe, ils n'en fçauroient donner de plus belles marques, qu'en
prenant foin d'un fi aymable, d'un fi delicieux Parterre.

Nobilis in portis vir ejus quando federit cum Senatoribus terræ. Lors que
les Nobles font affis avec les Senateurs de la terre, avec les Confuls de la Province, ils ne fçauroient mieux témoigner d'eftre Nobles qu'en fe tenant du côté de la porte. *Nobilis in portis vir ejus.* Cela vous étonne, Meffieurs. C'eft une recherche de Nobleffe bien ex-
traordinaire de s'informer fi vous vous eftes tenus à la porte.
Quoy ? Ces Meffieurs ne feront pas nobles dans leurs Châteaux,
dans leurs places, à la Ville, à la Cour ? Leur Nobleffe fera attachée à la porte ? ils ne feront Nobles, que lors qu'ils fairont la

charge d'un Portier d'un Iardinier ? Ces Messieurs qui content parmy leurs Encestres, des Roys, des Empereurs, à qui l'établissement des Souverains, fait le commancement de leurs Familles, à qui le titre des grandeurs viennent plûtôt, que le nom de leurs naissances, qui vont si haut en ascendant que les Genealogies des Royaumes manquent plûtôt, que celles de leur testes coronnées, qui en descendant, content plus de Successeurs à leurs Titres, que des années dans tous les Siecles, qui ont dans celuy où nous sommes parmy eux les plus grands Titulaires du Royaume, les plus illustres Personnages de l'Europe, les plus nobles Seigneurs de la terre, qui ont donné au Vatican des Thiares, au College, des Cardinaux, à l'Eglise des Prelats, au Paradis, des Saints, ne seront reputez Nobles, que lors qu'on les tiendra à la porte, pour leur faire garder un Iardin, pour avoir soin d'un Parterre ? Vous serez toûjours Nobles Messieurs, vous serez toûjours grands, toûjours considerables, en tout temps, en tout lieu. Mais considerez ie vous prie que Messieurs les Consuls sont des fleurs, que quoy qu'exposées à toutes les injures du temps, elles tiendront ferme, elles ne s'ouvriront qu'au Soleil qui les domine, à leur Souverain, à leur Roy, dont ils reçoivent les influances, leur nourriture, leur ornement. Elles ne se rangeront, que selon la disposition de ce grand Prince nôtre Gouverneur, qui estant nay dans la grandeur, & dans la majesté des Lis, sçait ce que c'est que de gouverner des Fleurs de cette nature ; Elles ne se plieront qu'à la douceur de son air Noble & genereux ; & son lustre, & son integrité leur apprendra de ne se laisser surprendre d'aucun ombre d'interest. Mais si Messieurs les Barons, n'ont pas la force de resister à ceux qui veulent entrer, s'ils ouvrent la porte à tous venans, s'ils écoutent les propositions qu'on leur fait, s'ils donnent les mains par leurs negotiations, par leurs recommandations, que l'on y entre, qu'on s'y promenne, qu'on si entretienne, on enlevera la plus part des Fleurs, on les flaistrira, on les arrachera. C'est à vous Messieurs à garder la porte, c'est à vous de faire la fonction de ce Cherubin, qui gardoit la porte du Paradis Terrestre l'épée à la main, c'est par vous, que l'on entre dans ce Parterre, c'est par vos recommandations qu'on y admet les Pretendans ; C'est aux Nobles à qui l'on s'adresse pour estre introduit, & si vous n'avez pas la force de refuser la porte a ceux qui se presentent, tout est perdu.

Lors que les Vierges folles de l'Evangile se presenterent à la porte de l'Epoux, Elles ne s'adresserent pas à un simple Portier: mais Elles appellerent le Noble de la Maison, croyant qu'il ne seroit pas si incivil, que de refuser la porte aux Dames, Elles ne dirent pas *amice aperi nobis*, mon amy ouvrez nous, qui est le titre d'un Portier, Elles ne dirent pas *Magister aperi nobis*: Maître ouvrez nous: Mais Elles dirent *Domine Domine*, Seigneur, Seigneur, qui est le titre des Nobles, ouvrez nous. Elles creurent bien, que dans ces occasions, c'estoit le Noble qui gardoit la porte *nobilis in portis vir ejus*, mais ce Seigneur qui estoit remply du Saint Esprit, qui avoit le don de force, en eût aussi pour les refuser, *nescio vos, nescio vos*; je ne sçay pas qui vous estes, je ne vous connois pas. Sur la demande *Domine Domine aperi nobis*, que Messieurs les Barons demandent au Saint Esprit qu'il répende sur eux le don de force, pour pouvoir répondre *nescio vos*. Quelles personnes que vous soyés, je ne vous connois point, je ne sçay qui vous estes, soyez riches, soyez pauvres *nescio vos*, soyez de mes amis, soyez des indifferens, *nescio vos*, soyez propres pour faire ma fortune, soyez en estat de la détruire, *nescio vos*. Il faut qu'on sçache qu'il n'est pas assez de crier, Seigneur, Seigneur, pour trouver la porte ouverte, afin d'entrer dans l'esprit des Deputez *non omnis qui dicit Domine Domine intrabit*. Mais de quelle force Messieurs ne faut-il pas estre munis, pour faire ce refus? Il en faut une, qui vienne du Ciel, je l'avoüe, on ne la trouve pas dans le monde, & c'est ce qu'il faut demander incessamment à Dieu, c'est par la force qu'il faut que les Nobles se joignent à luy.

L'amour de Dieu est necessaire à l'ame, c'est sa nourriture & son entretien. Mais de quelle maniere l'aymeront les Nobles? Comme leur Protecteur? Cela est bon, pour les pauvres, & pour les miserables. Comme leur Maître? cela appartient aux Enfans, & aux Ecoliers. Comme leur Pere? cela est propre pour les Orphelins. Les Filles l'aymeront comme leur Amant, les mariées, comme leur Consolateur, les Veves, comme leur refuge, les Religieuſes, comme leur Eſpoux, les Magiſtrats, comme leur Iuge, les Eccleſiaſtiques, comme leur Pontife, le reſte des hommes, comme leur Souverain : mais les Nobles l'aymeront, Ecoutez moy, ils l'aymeront, comme leur force *diligam te Domine fortitudo mea ;* je vous aymeray, Seigneur, ma force, ma vigueur, mon courage; je vous aymeray en guerrier, je vous aymeray en Capitaine, je vous aymeray en General d'Armée, je vous aymeray l'épée à la main, je vous aymeray preſt à combatre, je vous aymeray reſolû à mourir.

C'eſt pour cela, que dans l'ancienne Egliſe, lors que les Diacres ſe tenant debout, chantoient l'Evangile, que les Prêtres eſtoient profondement inclinez, que les Clercs ſe mettoient à genoux, que le peuple ſe proſternoit à terre, les Nobles mettoient l'épée à la main, & ſe tenoient debout en cête poſture, juſques à ce que l'Evangile fût achevé. Ceremonie qui s'obſerve encore aujourd'huy parmy les Nobles de pluſieurs Royaumes, & les Chevaliers de divers Ordres & qui s'obſerveroit encore dans les Chapelles Papales, ſi les Roys, les Empereurs s'y rencontroient, où l'on les verroit l'épée à la main, pendant qu'on y châte l'Evangile, afin de faire connoître par cette action, que leur grandeur & leur Nobleſſe les oblige à aymer Dieu, comme leur force & leur vigueur *deligam te Domine fortitudo mea,* & d'employer cette même force à retrancher les abus, à repouſſer ceux qui le veulent introduire, à fermer la porte aux deſordres, aux violences, aux vexations. Vous tirez, Meſſieurs, vôtre origine & vôtre naiſſance de ces têtes coronées *attendite ad Petram unde exciſi eſtis.* Regardez la pierre d'où vous avez eſté tirez. Des Lyons n'engendrent pas des Biches, ny des Aygles, des Colombes. Tâchez de les imiter, en defandant la cauſe des Innocens, en protegeant les pauvres, en fermant la porte aux abus, en empêchant qu'ils ne ſe gliſſent dans nos Eſtats, en vous faiſant craindre de ceux qui les voudroient introduire, pendant que Meſſeigneurs les Prelats leur inſpireront la crainte de Dieu, qui eſt mon troiſiéme point.

Le don de la crainte de Dieu eſt ſi avantageux au ſalut, qu'il peût eſtre commun à tous les Fideles, mais il eſt ſi propre & ſi attaché à Noſſeigneurs les Prelats, qu'un Predicateur perdroit ſon temps, s'il vouloit les exhorter , de demander à Dieu ce qu'ils ont déja. Il suit leur Sacre , & il se joint à leur profession : & lors que vous les voyez dans l'intelligence parfaite de toutes les choses creées, dans la profondeur des sciences les plus sublimes , dans une incomparable sagesse , qui les fait agir par le mouvement des causes superieures, jugez, & bien, que ces dons ne sçauroient estre possedez sans leur principe, qui est la crainte de Dieu, *initium Sapientiæ timor Domini.* Ie vous entretiendray donc Messieurs , de ce qu'ils font pour vôtre instruction , puis qu'ils n'ont pas besoin de leçon sur ce qu'ils doivent faire : d'autant plus que je ne suis pas si hardy , que de vouloir apprédre à Messeigneurs & Maîtres, le devoir de leur ministere,& vous devez croire qu'estant obligé de parler de la crainte, j'en ay fait une assez bonne provision pour craindre de parler à ces Dieux visibles de l'Eglise.

Ne vous étonnez pas mes Auditeurs du titre que je leur donne. C'est le Dieu incrée , qui a esté le premier autheur de ce beau nom *Ego dixi Dij estis & Filij altißimi omnes vos ,* mais si vous ne voulez pas,que nous allions si haut,donnez leur le titre de Saint Iean, qui les honore de celuy des Anges , regardez les comme des Seraphins en terre , qui aymant & craignant le Seigneur , chantent perpetuellement dans leur Sacrifice ce beau Trisage *Sanctus , Sanctus, Sanctus.* Des Cherubins en chaire , qui par le feu de leurs sciences, & les lumieres de leur entendement , se font voir au dessus des fumées de leurs grandeurs , de leurs maisons. Et si vous voulez encore descendre , appellez les des Cieux animez , qui avec les foudres de leur Doctrine terrassent les impietez de l'Heresie , des Soleils vivants , qui échaufent,& qui nourrissent les plantes des Fideles , des Estoiles parlantes , qui préchent par leur exemple aux creatures , des nuées lumineuses qui arrosent par leurs Predications la terre de l'Eglise. Et encore plus bas, dites qu'ils sont des Ambassadeurs celestes qui manifestent les volontez du Roy des Roys , des Mediateurs divins qui negocient la paix entre Dieu & l'homme : des Medecins des Ames, qui en les guerissant, leur donnent une vie immortelle , des Peres des peuples , qui les engendrent à Dieu , des Docteurs des gens, qui leur enseignent les moyens de passer du mensonge à la verité ; du peché à la grace.

Ie fais tout ce que je puis , pour diminüer les grandeurs de nos
Prelats , afin qu'ayant la dignité commune avec.eux , vous ne puiſ-
ſiez pas croyre , que je préche mes loüanges. Ie m'en vay dans le
plus profond de la Mer , pour leur donner un titre qui ſoit éloi-
gné de la jactance & de la flaterie , & qui reſſente l humilité , dont
les Princes de l'Egliſe font gloire & profeſſion. Ie les appelleray
Conques marines , mere perles , ou coquilles.La naiſſance des coquilles , ou des meres perles , ſe fait dans le ſein le plus caché de la
Mer , Elle n eſt pas moins noble , quoy que plus obſcure. Elles
ſont couvertes d un vaſte Océean , d'une immenſité d'eaux , mais
elles n en devienent pour cela aucunement fecondes , plus on les
humecte,plus on les deſſeiche, plus on les arroſe,plus Elles ſont ſte-
riles: les Rivieres les plus riches qui entrent dans la Mer , & qui
charrient de l'or & de l'argent , ſe joignant à ces pierres animées ,
ne ſçauroient rien produire de precieux en Elles : Mais à peine paroiſſent Elles à la ſurface de l eau , que s'ouvrant au Ciel , & re-
cevant quelque goutte de ſa roſée Elles conçoivent auſſi-tôt, pour
former apres dans leur lict des maſſes de perles ; preſque tous les
poiſſons de la Mer les attaquent , les vagues les plus furieuſes les
déplacent , lés Balenes , & les autres monſtres marins les rencon
trent , mais Elles ne s inquietent pas , Elles ne craignent pas , Elles
ne perdent pas leur fruit , leur conception s'augmente , leur groſ-
ſeſſe eſt toûjour heureuſe ; Mais ſi le Ciel ſe trouble , s il gronde
avec ſes tonnerres, s il menace avec ſes éclairs, s'il châtie avec ſes
foudres, Elles s'épouventent , Elles ſe bleſſent, Elles perdent leur
fruit. La Mer , les rochers , les monſtres ne ſont pas capables de
leur faire aucune peur , la moindre agitation qui vient du Ciel les
fait craindre , *eundem pallere Cœlo minante* ; Noſſeigneurs les Prelats
ſont des coquilles pretieuſes , puiſqu'ils produiſent par l ouvrage
du Saint Eſprit la perle de la grace , & qu'on les appelle pour cela
concha Spiritus Sancti. Ce ſont des meres perles , qui font naître , &
maintiennent l union , qui eſt le nom de perle dans l'Egliſe de Dieu.
Vne Mer remplie des récompenſes ne leur ſçauroit faire con-
cevoir le moindre deſſein ; des Rivieres d'or & d'argent ne pour-
roient rien faire gliſſer dans leur eſprit : mais lors qu'ils paroiſſent à la ſurface des eaux , au deſſus des peuples aſſemblez *aquæ*
multæ

multæ, populi multi, ils reçoivent du Ciel leurs inspirations, ils conçoivent d'enhaut leurs resolutions, ils sont rendus feconds, par ce Saint Efprit *qui ferebatur super aquas.* Ny les attaques, ny l'éclat, ny le murmure, ny l'indignation, ne leur donnent iamais aucune crainte. Mais fi le Ciel fe courrouce, fi les Loix divines fulminent, fi Dieu les menace, leurs confciences fe bleffent, ils avortent, ils s'épouvantent, ils craignent, ils font paroître au public ce don de la crainte du Seigneur *adimple eos Spiritu timoris tui.* Ce fera en vain que l'on s'adreffera à ces Prelats, pour les entretenir des chofes injuftes & derraifonnables, on les trouvera plus fermes que des pierres, vous aurez beau leur propofer des confiderations temporelles, leur faire apprehander des refpects humains, ils accoucheront de leurs penfées, il mettrôt au jour leurs propofitiôs, ils fairont vivre leurs Reglemens, quand toute la terre fi oppoferoit, quand la Mer les fumergeroit, quand les monftres les plus fiers les combatroient, ils ne craignent que le Ciel, ils ne s'étonnent que pour Dieu, ils n'apprehendent que les foudres de fa Iuftice; la crainte du Seigneur feulement eft capable de les faire avorter, de faire perdre leur conception, tout le refte n'eft compté pour rien.

Que perfonne ne trouve à redire à mes paroles, elles n'excluent pas, lors que je parle de Dieu, ces grands Perfonnages qui ont receu dans leur naiffance, & dans leur Sacre le pouvoir du Ciel *qui poteftati refiftit Dei ordinationi refiftit.* Nos Roys font des images de la Divinité, ce qu'on dit de celle-cy, doit eftre adapté à ceux là. La crainte de Dieu ne fe fepare jamais du refpect qu'on doit au Roy; le chef & le fondateur de nôtre Eglife Saint Pierre les a mis dans le méme Paralelle. *Deum timete, Regem honorificate*, craignez Dieu, refpectez le Roy. Ce font les deux tables du Teftament que Saint Pierre nous a laiffé, ce font les deux poles fur lefquels le Ciel de l'Eglife roüle, & fe foûtient; ce font les deux Iluminaires qui clairent fur nos têtes; ce font les deux Autels d'holocaufte & de Timiame, fur lefquels on facrifie & l'on encenfe; ce font enfin les deux points, fur lefquels la ligne de la vie doit eftre tirée. *Deum timete*, c'eft l'original qu'on doit adorer, *Regem honorificate*, c'eft la coppie à laquelle on fe doit conformer. *Deum timete*, parce que celuy qui vous a mis au monde vous en peut tirer *Regem honorificate* parceque celuy qui vous y maintient: vouspeut abādonner. *Deum timete* c'eſt le principe de vôtre ſalut. *Regem honorificate*, c'en eſt la cōtinua tion. *Deum timete*, c'eſt une choſe indiſpenſable. *Regem honorificate* c'eſt une œuvre d'obligation. *Deum timete*, ſi vous voulez fair peur aux Demons. *Regem bonorificate*, ſi vous voulez réjoüir les An ges. *Deum timete*, ſi vous voulez mourir en grace. *Regem honorificate* ſi vous voulez vivre ſans peché *Deum timete*, ſi vous voule plairre au Roy. *Regem honorificate*, ſi vous voulez plairre Dieu. Il eſt impoſſible de faire ſon ſalut, avec la ſeule crain te de Dieu, ſans le reſpect qui eſt deû au Roy. *Deum timete Regem honorificate*. Inſpirez donc, Meſſeigneurs les Prelats, l crainte de Dieu dans les Eſtats, aydez les, Meſſieurs les Baron de vôtre force, aſſiſtez les, Meſſieurs les Conſuls de vos conſeils & vous fairez tous trois enſemble le ſervice de Dieu, du Roy, & de la Province, c'eſt ce que je vous ſouhaite. Au nom du Père & du Fils, & du Saint Eſprit.